NOTE

SUR LA

SITUATION DES ANGLAIS

DANS LE

BASSIN DU YANG-TSÉ-KIANG

PARIS

LIBRAIRIE MILITAIRE R. CHAPELOT ET Cⁱᵉ

IMPRIMEURS-ÉDITEURS

SUCCESSEURS DE L. BAUDOIN

30, Rue et Passage Dauphine, 30

1900

NOTE

SUR LA

SITUATION DES ANGLAIS

DANS LE

BASSIN DU YANG-TSÉ-KIANG

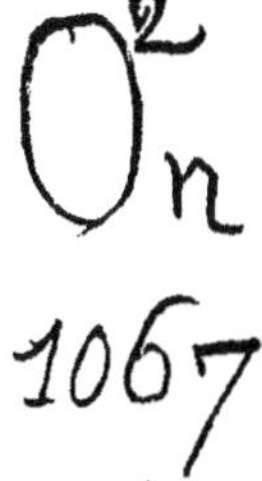

PARIS. — IMPRIMERIE R. CHAPELOT ET Cᵉ, 2, RUE CHRISTINE.

NOTE

SITUATION DES ANGLAIS

BASSIN DU YANG-TSÉ-KIANG

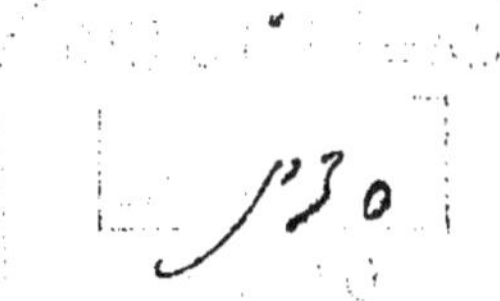

PARIS

LIBRAIRIE MILITAIRE R. CHAPELOT ET Ce

IMPRIMEURS-ÉDITEURS

SUCCESSEURS DE L. BAUDOIN

30, Rue et Passage Dauphine, 30

—

1900

NOTE

SUR

LA SITUATION DES ANGLAIS

DANS

LE BASSIN DU YANG-TSÉ-KIANG

I.

ACCORD ANGLO-RUSSE AU SUJET DU YANG-TSÉ-KIANG.

Les Anglais considèrent depuis longtemps le bassin du Yang-Tsé-Kiang comme compris tout entier dans une sphère d'influence où ne saurait pénétrer aucune autre puissance que la leur. Cette prétention a reçu une sanction officielle dans l'arrangement anglo-russe, signé le 28 avril 1899; arrangement dont l'instrument principal a été la note suivante adressée au comte Mourawief par l'ambassadeur anglais à Saint-Pétersbourg et revêtue de l'approbation du ministre russe des affaires étrangères.

D'après plusieurs journaux anglais, le texte de cette note serait ainsi conçu :

Sir C. Scott au comte Mourawief.

L'ambassadeur soussigné du Royaume-Uni, dûment autorisé à cet effet, a l'honneur de faire à S. E. le comte Mourawief, ministre russe des affaires étrangères, la déclaration suivante :

« La Grande-Bretagne et la Russie, inspirées par un sincère désir d'éviter en Chine toute cause de conflit sur les questions où se rencontrent leurs intérêts, et ayant pris en considération le mouvement économique et commercial dans certaines régions de l'empire chinois, ont conclu l'accord suivant :

« 1° La Grande-Bretagne s'engage à ne rechercher, soit pour elle-même, soit pour des sujets anglais, soit pour d'autres, aucune concession de chemin de fer au nord de la grande muraille de Chine; elle s'engage, en outre, à ne s'opposer, ni directement, ni indirectement, à aucune demande *relative à des intérêts de chemins de fer* dans la dite région, qui serait appuyée par le gouvernement russe;

« 2° De son côté, la Russie s'engage à ne rechercher, soit pour elle-même, soit pour des sujets russes, *soit pour d'autres*, aucune concession de chemins de fer dans le bassin du Yang-Tsé-Kiang; elle s'engage, en outre, à ne s'opposer, ni directement, ni indirectement, à aucune demande de *concession de chemins de fer* dans la dite région, qui serait appuyée par le gouvernement anglais.

« Les deux parties contractantes, n'ayant, en aucune façon, le dessein d'enfreindre les droits suzerains de la Chine, fondés sur les traités existants, ne manqueront point de communiquer au gouvernement chinois le présent arrangement qui, en écartant toute cause de complications entre elles, est de nature à consolider la paix dans l'extrême Orient et à servir les intérêts primordiaux de la Chine elle-même.

Charles S. SCOTT. »

Il existe dans cette note une légère différence entre le texte même des engagements pris par la Russie à l'égard de l'Angleterre et la rédaction des engagements de l'Angleterre.

Alors que la Grande-Bretagne s'engage à ne s'opposer à aucune demande relative à des *intérêts de chemins de fer* dans la zone soumise à l'influence de la Russie, cette dernière s'engage seulement à ne s'opposer à aucune demande de *concessions de chemins de fer* dans la sphère d'influence anglaise.

L'expression *concessions de chemins de fer* semble devoir s'entendre dans un sens plus étroit que celle *d'intérêts de chemins de fer*, et, par suite, la Russie semble avoir plus de liberté d'action que l'Angleterre et pouvoir tirer le parti qu'elle veut du vague contenu dans les termes « intérêts de chemins de fer ».

D'autre part, les mots « soit pour d'autres », que nous avons soulignés aussi, ne sont guère encourageants pour nous.

II.

IMPORTANCE DU BASSIN DU YANG-TSÉ-KIANG.

La surface abandonnée par ce traité à l'influence anglaise est d'environ 1,800,000 kilomètres carrés, c'est-à-dire près de trois fois et demie la surface de la France.

C'est le sixième de l'empire chinois tout entier; mais si, dans celui-ci, on ne considère que la partie riche, habitée et cultivée, c'est non pas le sixième, mais la moitié de la Chine que les Anglais se sont ainsi réservée.

Au point de vue politique, le bassin du Yang-Tsé-Kiang comprend :

1° En entier : les provinces du Kiang-Sou, du Ngan-Hoei et du Kiang-Si, formant la vice-royauté de Nankin ; celles du Hou-nan et du Houpé (vice-royauté du Han-Kéou) ; le Sze-Tchuen et le Koueitchéou, cette dernière sous la dépendance du vice-roi du Yunnan ;

2° En partie : les provinces du Yunnan, du Kan-Sou, du Chen-Si et du Honan.

Il renferme une population de 200,000,000 d'habitants.

Le Yang-Tsé est navigable pour les vapeurs jusqu'à Ichang, à 900 kilomètres de son embouchure ; mais de plus, et malgré quelques rapides, des vapeurs spéciaux peuvent remonter jusqu'à Tchoung-King, dans le Sze-Tchuen.

Les ports ouverts au commerce européen sur son cours ou dans son bassin, sont : Shanghaï, Sou-Tchéou, Tcheng-Kiang, Nankin, Wouhou, Kiu-Kiang, Han-Kéou, Cha-Si, Ichang et Tchoung-King.

D'après un travail publié dans les *Petermans Mittheilungen*, le commerce d'exportation du Yang-Tsé-Kiang (sans compter Sanghaï) aurait atteint en 1896, 270,000,000 de francs et avec Sanghaï 580,000,000 de francs.

Ce commerce porte : dans le Sze-Tchuen, principalement sur l'opium, la cire, le musc et les plantes médicinales ; dans la partie moyenne du fleuve, sur le thé, le tabac, le chanvre, les cuirs et la soie; dans la partie voisine de la mer, sur le riz et la soie.

Au point de vue des communications, le Yang-Tsé ne forme pas seulement la plus magnifique des voies naturelles traversant de l'est à l'ouest le centre de la Chine, mais ses deux affluents, — le Han-Kiang sur la rive gauche et la rivière Siang, sur la rive droite, qu'il reçoit, le premier à Han-Kéou, et le second en amont de cette ville, — ouvrent dans le sens du nord au sud une ligne, navigable en grande partie, qui se continue au nord sans interruption jusqu'à Pékin, par le fleuve Jaune et le canal impérial, au sud avec une courte interruption jusqu'à Canton par la rivière de ce nom.

III.

MOYENS D'ACTION DES ANGLAIS DANS LE YANG-TSÉ-KIANG.

De la lecture des journaux anglais, il semble résulter que la Grande-Bretagne ne vise pas à une annexion de territoires dans la sphère d'influence qu'elle s'est attribuée.

La sincérité de ces feuilles est évidemment sujette à caution, mais il est clair que la situation présente est trop favorable aux Anglais pour qu'ils désirent la faire cesser, tout au moins avant d'avoir suffisamment préparé les habitants à leur venue pour qu'ils n'aient plus à craindre une lutte à main armée dont les frais pourraient absorber tous les bénéfices de l'opération.

Ils sont déjà maîtres des 6/10 du commerce; ils chercheront à mettre peu à peu la main sur l'administration chinoise, qu'ils se garderont bien de détruire et par laquelle ils agiront sur la population.

Déjà, et à plusieurs reprises, les journaux ont demandé que la capitale de la Chine soit transférée dans la zone d'influence britannique, et ils profitent des moindres troubles pour demander la réforme de l'administration chinoise sous le contrôle d'agents anglais.

Une partie des moyens nécessaires à l'accomplissement de cette œuvre d'accaparement était sur les lieux depuis de longues années, ce sont :

1º Les consuls anglais;
2º L'administration des douanes impériales chinoises;
3º Les missionnaires anglais;
4º Les négociants anglais.

A ces moyens d'action sont venues s'ajouter :

5º Les concessions de chemins de fer et les missions d'études qu'elles entraînent;
6º Une flottille spécialement construite pour pénétrer dans le pays.

1º *Consuls*. — Dans chacun des ports ouverts au commerce européen se trouve un consul anglais. Ces ports sont, nous l'avons dit plus haut, ceux de : Shanghaï, Sou-Tchéou, Tcheng-Kiang, Nankin, Wouhou, Kiu-Kiang, Han-Kéou, Cha-Si, Ichang, Tchoung-King.

Il ne nous appartient pas de faire l'éloge des consuls anglais : leur activité a trop rarement laissé échapper une occasion de s'exercer contre nous. Et pourtant, ils semblent encore timides à la plupart de leurs compatriotes, et le *China-Mail* s'étonnait récemment, en parlant de l'un d'eux, que l'Angleterre entretînt en Chine de pareils *fossiles*.

2º *Douanes impériales chinoises*. — Les consuls ne sont peut-être pas, pour les intérêts britanniques en Chine, les agents les plus considérables d'influence et de renseignements. En tout cas, ils trouvent un puissant auxiliaire dans l'administration des douanes impériales chinoises. Celle-ci, organisée après l'expédition de 1860, est chargée de percevoir le plus clair des revenus de l'empire chinois (75,000,000 de francs en 1897). Elle a pour chef, depuis près de trente ans, un Anglais, sir Robert Hart, dont l'influence en Chine laisse bien loin derrière elle celle de tout autre Européen.

Les agents des douanes peuvent, en droit, être choisis dans toutes les nations, mais en fait, l'élément anglo-américain y a pris une telle supériorité que les employés d'autre origine y deviennent chaque jour moins nombreux. Cette élimination progressive est due surtout à l'influence du directeur et des agents supérieurs, mais aussi, il faut bien le reconnaître, en ce qui nous concerne, au manque de candidats d'origine française.

L'étude du chinois et la perspective de s'expatrier sont, pour nos compatriotes, des épouvantails que n'ont pas suffi à combattre les appointements extrèmement avantageux offerts aux candidats.

C'est l'administration des douanes impériales qui publie toutes les statistiques du commerce chinois; ces statistiques sont établies avec le plus grand soin, mais dans un sens éminemment anglais. Ceux qui les dressent sont évidemment les mieux à portée de renseigner les consuls sur ce qui intéresse les négociants, sur les marchandises faciles à écouler, sur les débouchés nouveaux qui se créent.

Ce sont les Anglais qui profitent les premiers et quelquefois les seuls de ces renseignements. En outre, beaucoup de marchandises étant taxées *ad valorem* et non d'après un tarif, on juge facilement de quels avantages peuvent disposer les compatriotes des agents estimateurs.

3° *Missionnaires anglais.* — L'action des missions anglaises en Chine s'est portée de longue date tout particulièrement sur le bassin du Yang-Tsé. Les douze sociétés suivantes y ont des établissements :

British and Foreign Bible Society.
China Inland Mission.
Chinese Tract Society.
Christian Society of Shaï.
Church England Missionary Society.
National Bible Society of Scotland.
Foreign Christian Missionary Society.
Christian Missionary Alliance.
Brethren Mission.
London Missionary Society.
Wesleyan Missionary Society.
Canadian Méthodist Mission.

On sait ce que sont les missions anglaises et qu'elles déploient pour gagner des sujets à l'Angleterre et des clients à son commerce, un zèle au moins égal à celui qui les anime pour conquérir des âmes. Aussi, bien que leur clientèle religieuse soit peu nombreuse, ces missions constituent un puissant organe de renseignements, en même temps que, par leurs écoles et par leurs hôpitaux, elles facilitent la prise de contact entre leurs nationaux et les indigènes.

700 missionnaires anglais, hommes et femmes, sont répartis dans le bassin du Yang-Tsé. Un nombre presque égal de missionnaires américains sont établis à leurs côtés et, si ces derniers ne suivent pas la même ligne politique, ils contribuent du moins à la diffusion de la même langue et des mêmes principes.

4° *Commerçants.* — Dans chacun des ports ouverts, les Anglais ont un nombre considérable de maisons de commerce. Non seulement à Shanghaï, où se trouve une véritable ville européenne, mais dans plusieurs autres places, Soutchéou, Han-Kéou, par exemple, existent déjà des administrations municipales anglaises, disposant d'une police armée. La plupart des bureaux de poste sont déjà dirigés par des Anglais, il en est de même de certaines administrations locales, comme les gabelles du Houpé et les Li-Kin (douanes intérieures) du Kiang-Si.

Plus de la moitié du commerce d'exportation et d'importation du Yang-Tsé est entre les mains des Anglais.

5° *Chemins de fer.* — Les Anglais disposaient donc de moyens d'action déjà très puissants, lorsque la guerre sino-japonaise vint donner aux questions de pénétration en Chine une importance toute nouvelle. Toutes les nations se firent concéder à l'envi des concesssions de chemins de fer. En ce qui concerne le bassin du Yang-Tsé, les lignes projetées sont les suivantes :

    1° Han-Kéou—Pékin;
    2° Han-Kéou—Canton;
    3° Shanghaï—Hang-Tchéou—Ning-Po—Ouen-Tchou;
    4° Shanghaï—Tien-Tsin;
    5° Canton au Sze-Tchuen;
    6° Birmanie au Yang-Tsé.

Les lignes Han-Kéou—Pékin et Han-Kéou—Canton avaient été primitivement concédées, en 1898, à une compagnie franco-belge, mais une société américaine s'est à son tour constituée pour le même objet et a obtenu, moyennant le versement d'un cautionnement de 500,000 francs, la promesse de la construction des lignes Han-Kéou—Pékin et Han-Kéou—Canton au cas où la compagnie franco-belge ne les exécuterait pas.

La question est en litige.

La ligne Shanghaï—Ning-Po—Ouen-Tchou a été concédée aux Anglais, ainsi que la ligne Shanghaï—Tien-Tsin. C'est cette dernière qui, se liant aux chemins de fer du Shan-Toung, a donné récemment lieu à un arrangement avec l'Allemagne.

Le chemin de fer de Canton au Sze-Tchuen, encore très superficiellement étudié, a été de même concédé aux Anglais.

La dernière ligne, qui doit relier la Birmanie au bassin du Yang-Tsé est celle qui intéresse le plus l'Indo-Chine; nous en reparlerons un peu plus loin.

La construction d'aucune de ces lignes n'est encore commencée : l'accord anglo-russe et la liberté d'action qu'il donne à l'Angleterre dans le bassin entier du Yang-Tsé, apporteront sans doute des modifications profondes aux projets établis et aux concessions qui en ont été la suite. En tout cas, les promesses que la Chine a faites, avec l'arrière-pensée, sans doute, de ne pas les tenir, fourniront à la Grande-Bretagne tous les prétextes nécessaires pour intervenir dans les affaires du pays.

6° *Flottille.* — La flotte anglaise d'extrême Orient a toujours quelques-uns de ses navires sur le Yang-Tsé qu'ils remontent de temps à autre jusqu'à Han-Kéou. Cela n'a pas suffi à l'Angleterre, et elle a fait construire une flottille spéciale dont deux types, le *Woodcock* et le *Woodlark*, sont déjà en service depuis plusieurs mois, et qui, pour employer l'expression d'un journal anglais, *patrouillent* incessamment dans les eaux du fleuve et de ses affluents.

Ces deux canonnières sont du même modèle. Elles ont été construites aux ateliers Thornycroft, sur la Tamise, et montées aux docks de Shanghaï. Elles sont en acier; leur longueur est de 44 mètres, leur largeur de 7 mètres et leur tirant d'eau de 0^m,71. La machine est de 660 chevaux donnant une vitesse de 11 nœuds. Les superstructures sont en acier harweyé, à l'épreuve, à 15 mètres, de la balle du Lee Metford.

L'équipage est de 25 hommes. L'artillerie comprend : 1° deux canons Hotchkiss à tir rapide, lançant un projectile de 6 livres anglaises (2 kilogr. 700) et placés l'un à l'avant et l'autre à l'arrière, pouvant tirer dans toutes les directions; 2° deux canons Maxim du calibre de 70 millimètres environ, établis avec masques protecteurs à bâbord et à tribord sur le pont supérieur.

Le *Woodcock* a heureusement effectué la montée du Yang-Tsé, entre Ichang et Tchoun-King, malgré les rapides qui se trouvent dans cette partie du fleuve.

Le *Woodlark* a crânement remonté le lac Tung-Tinh et la rivière Heng-Siang, malgré les prévisions pessimistes du consul anglais de Han-Kéou, un des *fossiles* dont il a été parlé plus haut. A You-Tchéou et à Chang-She, et partout sur son passage, cette canonnière aurait été reçue à bras ouverts par les habitants : « With open arms ».

Tels sont les moyens d'action dont dispose l'Angleterre pour entretenir et développer son influence dans le bassin du Yang-Tsé.

Il nous reste à parler d'une entreprise qui se rattache étroitement à cette question, et qui présente pour l'Indo-Chine française une importance capitale : *la construction d'un chemin de fer reliant la Birmanie au Yang-Tsé-Kiang*.

IV.

CHEMIN DE FER DE LA BIRMANIE AU YANG-TSÉ-KIANG.

Depuis quelque temps, une campagne s'est ouverte en Angleterre pour la construction d'un chemin de fer reliant la Birmanie à la Chine. On cherchait d'abord des voies de pénétration prolongeant les chemins de fer du premier de ces pays, vers le Yunnam et le Sze-Tchuen. Peu à peu, la question s'est éclaircie : il ne s'agit plus d'attirer sur Mandalay et Rangoon le commerce d'une ou deux provinces chinoises, mais de relier ces dernières villes aux métropoles commerciales du Yang-Tsé : Han-Kéou et Shanghaï. Enfin dans une des dernières séances de la Chambre des Communes, M. Broodrick, rêvant sans doute d'égaler les projets de sir Cécil Rhodes et de donner une sœur à la ligne du Cap à l'Égypte, affirmait la nécessité de construire au plus tôt un chemin de fer qui permette *de déverser l'Inde sur la Chine*.

« Déverser l'Inde sur la Chine », ce sont là de très grands mots. Il y aurait bien des choses à dire sur les idées qu'ils représentent; s'il s'agit d'une émigration de l'Inde en Chine, il est permis de remarquer que l'empire chinois avait plutôt passé jusqu'à ce jour pour un dangereux réservoir d'hommes jaunes prêts à se répandre au dehors, que pour un réceptacle destiné à recevoir le trop-plein des autres pays; s'il s'agit de produits à écouler, il est bien peu probable qu'il y ait économie à substituer à la voie maritime et fluviale actuellement suivie sans transbordement, une voie mixte nécessitant l'embarquement de marchandises dans un port de l'Inde, leur débarquement dans un port birman, puis leur chargement en wagon, tout cela pour employer sur 1600 kilomètres un chemin de fer de montagne dont le rendement sera certainement médiocre. Ce ne serait guère admissible que pour des marchandises ayant une grande valeur et peu encombrantes, et la Chine, dans son état actuel, ne paraît pas consommer beaucoup d'objets de cette nature.

Néanmoins ces mots « déverser l'Inde sur la Chine » ont eu et auront encore du succès : ils feront peut-être plus pour la cause du chemin de fer que des raisonnements plus sérieux, mais aussi plus terre à terre.

Quoiqu'il en soit, les études préliminaires de ce chemin de fer ont été commencées et auraient, paraît-il, été couronnées de succès.

Pendant toutes les années 1897, 1898 et 1899, des officiers anglais de l'armée des Indes, appartenant pour la plupart au Survey Départment (service géographique) ou à l'Intelligence Branch (service des renseignements) ont parcouru le Yunnan, le Sze-Tchuen et le Koueitchéou à la recherche du meilleur tracé à adopter. Le 3 mai dernier, les opérations se sont terminées par la rencontre à Weining, sur la frontière commune du Koueitchéou et du Yunnan, des deux missions venant, l'une du Yang-Tsé (capitaine Pottinger et lieutenant Hunter), l'autre de Birmanie (capitaine Dawies et lieutenant Watts Jones).

Ces missions sont rentrées en Angleterre, mais il reste encore sur les lieux une mission commerciale chargée d'apprécier, au point de vue économique, le tracé du chemin de fer et son rendement probable.

On sait que les chemins de fer anglais de l'Inde et de la Birmanie dirigés vers l'ouest sont au nombre de trois :

La première ligne part de Calcutta et remonte la vallée du Bramapoutre où elle a son point terminus à Dibrugarh.

La deuxième partant de Rangoon remonte la vallée de l'Iraouaddy, passe par Mandalay et s'arrête à Mitkhynia, sur la frontière de la Birmanie et de la Chine. Un embranchement se dirige sur Bhamo, point sur lequel la ligne avait été primitivement dirigée.

La troisième s'embranche à Mandalay sur la précédente et quitte la vallée de l'Iraouaddy pour passer dans celle de la Salouen, en empruntant pour cela la vallée d'un affluent de l'Iraouaddy, le Na-Tou.

D'après les renseignements que nous possédions au mois de février dernier, cette ligne était en exploitation jusqu'à Thibau ; la voie était construite jusqu'à Konlong-Ferry, à 150 kilomètres plus loin, son point terminus en Birmanie.

La première de ces lignes, appartenant au territoire indien, eût été, pour pénétrer dans le Sze-Tchuen, la route la plus directe en même temps que la plus favorable au déversement de l'Inde sur la Chine. Malheureusement pour les Anglais, les gigantesques murailles qui séparent les cours parallèles du Bramapoutre, de l'Iraouaddy, de la Salouen, du fleuve Rouge et du Yang-Tsé, n'ont pas permis de songer pour cette voie à un prolongement possible. Aussi, à peine maîtres de la Birmanie, les Anglais ont-ils cherché dans la vallée de l'Iraouaddy la voie de pénétration en Chine que n'avait pu leur donner celle du Bramapoutre, et ils ont construit la deuxième ligne jusqu'à Mitkhynia, espérant pouvoir couper plus facilement, à hauteur de ce point, les montagnes qui les avaient arrêtés plus haut. Ils auraient pu atteindre ainsi le Yang-Tsé à son point le plus méridional, vers Li-Kiang, par exemple, en ne traversant qu'une très petite partie du Yunnam. Là aussi leur espoir a été déçu : les montagnes étaient encore infranchissables.

Sans se décourager, les Anglais cherchèrent plus au sud la solution du problème, et, la vallée de l'Iraouaddy ne menant à rien, ils essayèrent de celle de la Salouen. Le nouveau tracé avait, en partant de cette vallée, un double inconvénient : 1º il était beaucoup plus long que les précédents; 2º il était très rapproché du Tonkin et du haut Laos, et l'on pouvait craindre que sa construction ne rencontrât de l'opposition de notre part.

Le premier de ces inconvénients, la longueur, était compensée par une plus grande facilité de construction et d'exploitation; le second, notre présence sur le flanc droit de l'entreprise, n'entrait plus en ligne de compte, après la déclaration signée à Londres par lord Salisbury et notre ambassadeur, M. de Courcel, le 15 janvier 1896. Dans cet accord, intervenu au sujet des affaires du Siam, se trouve en effet un article IV, dont le texte est le suivant :

Les deux Gouvernements (anglais et français) conviennent que les avantages et privilèges, commerciaux et autres, accordés dans les *deux provinces chinoises du Yunnan et du Sze-Tchuen*, à l'Angleterre et à la France, en vertu de leurs conventions respectives du 1ᵉʳ mars 1894 et du 20 juin 1895, et tous les avantages et privilèges de toute nature qui pourront être accordés à l'avenir, dans ces deux provinces chinoises, soit à l'Angleterre, soit à la France, seront étendus et rendus communs aux deux puissances et à leurs nationaux et sujets, et ils s'engagent à user de leur influence et de leurs bons offices auprès du gouvernement chinois dans cette vue.

Ainsi, non seulement cette convention nous interdit de protester contre les concessions faites aux Anglais au Yunnan et au Sze-Tchuen, du moment que des concessions de même nature nous sont accordées, mais encore nous devons user de notre influence et de nos bons offices pour faire aboutir leurs demandes.

Nos projets de construction d'une voie ferrée entre Lao-Kay et Yunnan-Sen leur donnaient donc le droit d'en avoir de semblables dans une autre direction.

En fait, depuis 1896, les travaux du chemin de fer de la Salouen ont été poussés avec la plus grande activité, et c'est aussi depuis cette date que les officiers anglais ont reconnu les tracés possibles dans le Yunnan.

Leur travail est aujourd'hui terminé; il paraît qu'ils ont trouvé
un tracé ne rendant pas nécessaire la construction de trop grands
ouvrages d'art, et dont les pentes seraient au maximum de 25
millimètres par mètre, ce qui est très acceptable pour un chemin
de fer de montagne. La longueur de la ligne de Kunlong-Ferry
au Yang-Tsé serait d'environ 1600 kilomètres; elle rejoindrait le
fleuve à Lou-Tchéou, centre important de commerce, situé à 150
kilomètres environ en amont de Tchoun-King. Des itinéraires
parcourus par les officiers et de certaines discussions, on peut
inférer :

1° Qu'elle couperait le haut Mékong et le fleuve Rouge au sud
de Talifou;

2° Qu'elle passerait à Yunnan-Sen;

3° Qu'elle pénétrerait ensuite dans le Koueitchéou, vers le
point de Ping-Hien, près de Tchu-King;

4° Qu'elle gagnerait du Koueitchéou son point terminus de
Lou-Tchéou, en suivant la vallée de la rivière Young-Nin.

Les plans, avant-projets et devis ont déjà été établis, mais n'ont
pas encore été communiqués au public. Le prix d'ensemble peut
être estimé entre 250,000,000 et 300,000,000 de francs.

A la fin d'un article paru le 16 juin 1899 dans le *China Mail*,
la question est bien résumée, telle qu'elle se pose à l'heure présente :

« Si, dit le journal, aussi bien au point de vue politique qu'au
point de vue commercial, la ligne de Birmanie au Yang-Tsé doit
donner des profits en rapport avec les dépenses qu'elle entraî-
nera, c'est là une question du ressort des capitalistes et des
hommes d'État. C'est l'affaire du Foreign-Office de déterminer,
s'il est nécessaire ou utile de pénétrer par cette voie jusqu'au
cœur de la Chine; il appartient aux hommes d'affaires de juger si
une ligne de 1600 milles (2,500 kilomètres) a quelque chance
de détourner vers Rangoon le commerce du Sze-Tchuen, en fai-
sant concurrence à la grande voie fluviale qui traverse cette province ».

Le *China Mail* ajoute : « Nul doute, si la ligne est faisable,
que les centres manufacturiers d'Angleterre n'exercent une forte
pression sur le gouvernement pour qu'elle soit faite. Il y a quel-

ques années on aurait plaisanté à l'idée qu'un chemin de fer de la Birmanie au Yang-Tsé pouvait entrer dans le domaine de la pratique. Mais depuis lors, les événements ont marché en Extrême-Orient avec une rapidité foudroyante, et les dernières études, qui n'auraient attiré jadis qu'une bien faible attention, sont discutées maintenant sur tous les points du globe ».

L'action politique ou militaire d'une pareille ligne n'est pas discutable. Si le territoire qu'elle traverse devait rester entre les mains des Chinois, cette importance serait faible. Une armée, partie de Birmanie, ne pourrait pas beaucoup compter sur une ligne de ravitaillement aussi longue et aussi facile à détruire en pays hostile. Mais il est bien probable que précisément pour éviter des attaques contre ce chemin de fer, le peuple qui l'aura construit sera amené sinon à annexer le pays, du moins à l'occuper fortement. Cela sera facile aux Anglais, grâce à l'armée des Indes, dont les régiments sont déjà à la frontière birmane et qui pourra par là se déverser sur la Chine [1].

Seulement ce chemin de fer se fera-t-il ?

Dans son entier, cela paraît peu probable. Si les ressources du Sze-Tchuen sont réellement ce que l'on dit, ce pays de 70,000,000 d'habitants a besoin pour les écouler d'autre chose que d'un chemin de fer de montagne long de 1600 kilomètres, et ce quelque chose, il l'a déjà dans la merveilleuse artère fluviale qu'est le Yang-Tsé. Cette idée de vouloir faire remonter au commerce les vallées qu'il descend naturellement est plus française qu'anglaise ; elle ne nous a pas tellement réussi que nos rivaux soient si pressés de l'adopter.

Si les centres manufacturiers anglais poussent à la construction du chemin de fer, les capitalistes engagés sur les places d'Extrême-Orient, Shanghaï, Han-Kéou, Hong-Kong même, agiront certainement en sens inverse.

Peut-on savoir qui l'emportera ?

---

[1] Le 12° régiment d'infanterie de Madras est à Bhamo ; le 29° régiment d'infanterie de Madras occupe le pays traversé par la ligne Mandalay—Konlong. Il y a dans la haute Birmanie : 2 régiments d'infanterie anglaise ; 5 régiments d'infanterie indigène de Madras ; 1 batterie d'artillerie de montagne anglaise ; 1 batterie d'artillerie de montagne indigène.

Mais si l'exécution entière du chemin de fer est peu probable, faudrait-il s'étonner de ce que les Anglais, arrivés à la porte de la Chine, alors que nos chemins de fer d'Indo-Chine sont encore en projet, ne poursuivent leur œuvre de l'autre côté de la frontière, lentement mais sans interruption ? Ils y gagneraient de détourner vers eux la partie déjà si faible du commerce yunnanais qui transite en Indo-Chine, et ils prendraient pied dans le pays, ne serait-ce que pour nous empêcher d'y pénétrer ou tout au moins nous y créer des difficultés.

Si même, comme le pensent quelques personnes, les Anglais ne tiennent pas au Yunnan et se servent de leur chemin de fer comme d'un épouvantail à notre usage, ils tireraient des tronçons déjà construits un prétexte à de larges compensations pour la permission qu'ils nous accorderaient, peut-être, de nous installer dans un pays, qui, depuis longtemps, devrait être sinon à nous, du moins intangible pour d'autres que nous.

Paris. — Imprimerie R. Chapelot et Cⁱᵉ, 2, rue Christine.

BASSIN DU YANG-TSÉ-KIANG
TCHILI
Hoang-Ho
Pékin
Tien-Tsin
KAN-SOU
CHEN-SI
SHAN-TOUNG
Kiao Tcheou
HONAN
KIANG-SOU
NGAN-HOEI
Han-Kiang
Sin Ngan Fou
Tchang-Kiang
SZE-TCHUEN
Nan Kin
Sou-tchéou
Chang-Haï
Ching Tou
HOUPÉ
Han Kéou
Ou-tcheou
Tchla Ting
Yang-Tsé-Kiang
Itchang
Ou-tchang
Han-yang
Tchang Tcheou
Tchoung King
Chaï
Kiu Kiang
Ning Po
Lou Tcheou
Lac de Tung Tinh
You Tcheou
TCHÉ KIANG
KOUEI TCHÉOU
P Chang She
Li Kiang
Kiang
HOUNA
KIANG-SI
Yuen Tcheou
MIAOTZE
Ta Li Fou
Wei-ning
FO-KIEN
Tong King
YUNNAN
MIAOT
Yunnan Sen
Kouen long Ferry
QUANG-SI
Mandalay
Mong Tze
FORMOSE
Thibau
Lao Kay
QUANG-TONG
Canton
TONKIN
Hong-Kong
BIRMANIE
Promé
Hanoï
Mékong
HAÏ-NAN
Luang Prabang
Shwegyin
ANNAM
RF
SIAM
Savanaket
Hué
Calcutta
Dibrugarh
INDE
Mitkhyna
P Bhamo
TIBET
Échelle 1/12.500.000ᵉ
LÉGENDE
Limite de la zone d'influence Anglaise
Limite d'État
Limite de Province
Consulat Anglais
Principaux centres de missions anglaises
Chemins de fer existant ou en construction
d°   en projet
Ports ouverts   Han Kéou

PARIS. — IMPRIMERIE R. CHAPELOT ET C⁰, 2, RUE CHRISTINE.